HÄSCHEN TRÖSTET

VON

CORI DOERRFELD

Zuckersüß

Eines Tages entschied sich Charlie, etwas zu bauen.

Für: C.C., J.B., S.A.F. und alle, die wiederaufbauen

Ebenfalls von Cori Doerrfeld erhältlich:

Verborgen

Für Kinder ab 3 Jahren
40 Seiten | Gebundene Ausgabe
ISBN 978 3 949315 33 6

Meine Träume fliegen hoch

Für Kinder ab 3 Jahren
40 Seiten | Gebundene Ausgabe
ISBN 978 3 949315 44 2

Cori Doerrfeld
THE RABBIT LISTENED

 Übersetzt mit freundlicher Genehmigung von Dial Books for Young Readers, ein Verlag der Penguin Young Readers Group, eine Abteilung von Penguin Random House LLC

14. Auflage 2025
Zuckersüß Verlag ist eine Marke der Luna Ventures GmbH
Prenzlauer Allee 186 | D-10405 Berlin | hallo@zuckersuessverlag.de

ISBN 978 3 9821379 0 2

Gedruckt in Lettland

Übersetzung: Anna Kampfmann
Lektorat: Lukas Kampfmann
Verleger*innen: Anna & Lukas Kampfmann

Für Vincent und Zoë

Zuckersüß

www.zuckersuessverlag.de

Etwas Neues.

Etwas Besonderes.

Etwas Großartiges.

Charlie war so stolz.

Aber dann, aus dem Nichts . . .

stürzte alles in sich zusammen.

Das Huhn hat es als Erstes bemerkt.

„Gack, gack! So ein Pech! Es tut mir
so, so, so leid, dass das passiert ist!“

„Lass uns darüber
reden, reden, reden!
Gack, gack!“

Aber Charlie wollte nicht reden.

Also ging das Huhn wieder weg.

Als Nächstes kam der Bär.

„Grarr! Rarr! Wie schrecklich! Du bist bestimmt total wütend! Lass uns rumbrüllen! Garrr! RARRR! GRAAAAR!"

Aber Charlie wollte
nicht rumbrüllen.

Also ging der Bär wieder weg.

Der Elefant wusste genau, was zu tun war.

„Trööööt! Töröö!
Ich kann das in Ordnung bringen!
Wir müssen uns nur *genau*
daran erinnern, wie es vorher war."

Aber Charlie wollte
sich nicht erinnern.

Also ging auch der Elefant
wieder weg.

Einer nach dem anderen kam vorbei.

Die Hyäne: „Hii-hii!
Lass uns darüber lachen!“

Der Vogel Strauß: „Schluck!
Lass uns uns verstecken und so
tun, als wäre nichts passiert!“

Das Känguru: „Oje,
Was für ein Chaos! Lass
uns alles wegwerfen!“

Und die Schlange: „Schhhhh.
Lassss unssss wassss von
jemand anderem kaputt
machen.“

Aber Charlie wollte überhaupt nichts machen.

Also gingen am Ende alle wieder weg . . .

bis Charlie ganz alleine war.

In der Stille bemerkte Charlie
das Häschen erst gar nicht.

Aber es kam näher
und näher.

Bis Charlie seine
Wärme spüren konnte.

Sie saßen still zusammen,
bis Charlie sagte:
„Bitte bleib bei mir."

Das Häschen hörte zu.

Das Häschen hörte zu,
als Charlie redete.

Das Häschen hörte zu,
als Charlie brüllte.

Das Häschen hörte
zu, als Charlie sich
erinnerte . . .

und lachte.

Das Häschen hörte sich Charlies
Pläne an, sich zu verstecken . . .

alles wegzuwerfen . . .

was von jemand anderem
kaputt zu machen.

Und bei all dem ging das Häschen nie weg.

Und als die Zeit reif war, hörte sich das Häschen Charlies Plan an, wieder etwas zu bauen.

„Ich freu mich so", sagte Charlie.

„Es wird großartig werden."